經典
少年遊

010

臺灣通史

開闢臺灣的先民足跡

A General History of Taiwan
Footprints of the First Pioneers

繪本

故事◎趙予彤
繪圖◎周庭萱

歷史是由一連串的故事組合而成，
《臺灣通史》這本書從遙遠的年代說起，
收藏許多精采的臺灣故事。
鄭成功下令開墾荒地，
改變了臺灣的樣貌，
他的一生與臺灣的命運息息相關，
把書打開，讓我們一起走進歷史吧！

鄭成功本名鄭森，
七歲之前在日本生活。
他的父親鄭芝龍是叱吒風雲的海盜，
長年在海上奔波。
他從小和母親相依為命，
缺少父親的關愛。
但是他頭腦聰穎，
對人也彬彬有禮。

鄭芝龍接受明朝朝廷的勸說，
從海盜變成大臣。 他帶著兒子去見皇帝，
隆武帝一見到這個少年， 覺得很投緣。
「可惜我沒有女兒，不然一定會把她嫁給你！
我賜你姓朱， 改名叫成功！」
從此， 鄭成功被尊稱為國姓爺。

不久，北方的民族進攻，
明朝的土地都被霸占了。
芝龍趕緊跑來勸兒子一起投降。
「跟強大的兵力對抗，
就像雞蛋碰石頭，不如早點認輸吧！
「我們應該幫助皇帝，
怎麼可以做出背叛的行為呢？」
鄭成功憤怒的回絕了父親。

白天，鄭成功指揮作戰。

夜裡，不斷提醒自己。

「我要搶回失去的土地，

不能讓皇帝繼續流浪。」

軍隊氣勢如虹，一位名叫施琅的將領，

更展現勇猛的精神。

可是，勝利歡呼才剛結束，

接著就節節敗退。

帶領士兵退守
到廈門的鄭成功，
自稱為
「忠孝伯招討大將軍」。
他常常苦惱軍隊的飲食不足，
士兵總是強忍饑餓。

於是，
曾替荷蘭人工作的何斌提出建議：
「將軍，
我在臺灣住了很多年，
那裡有廣闊的土地
和豐富的資源。」

13

「臺灣？」

「嗯！那是一座美麗的島嶼，
不過現在被荷蘭人占據了。」

「聽說荷蘭人的砲彈非常厲害，
在海岸邊也建築了堅固的城堡。」

「將軍，千萬別冒險啊！」

大家爭論得面紅耳赤。

不管將領們的反對，

鄭成功對臺灣懷抱著希望，

為了讓大家心服口服，

他暗中派人到臺灣調查，

傳回來的消息讓他非常滿意。

三月，春天到來，他將兒子鄭經留在廈門，

便率領兩萬五千名先鋒部隊出發了。

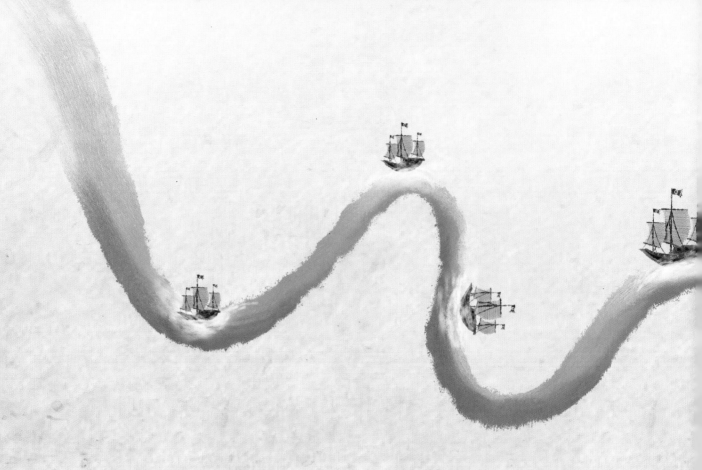

大大小小的戰艦在海上漂流，
有時晴空萬里，有時狂風暴雨。
航行好長一段時間，終於，臺灣近在眼前。
鄭成功祈求神靈保佑，
這時候，海上起了濃霧，
潮水推著船，一艘接著一艘，
緩緩的從鹿耳門靠岸。

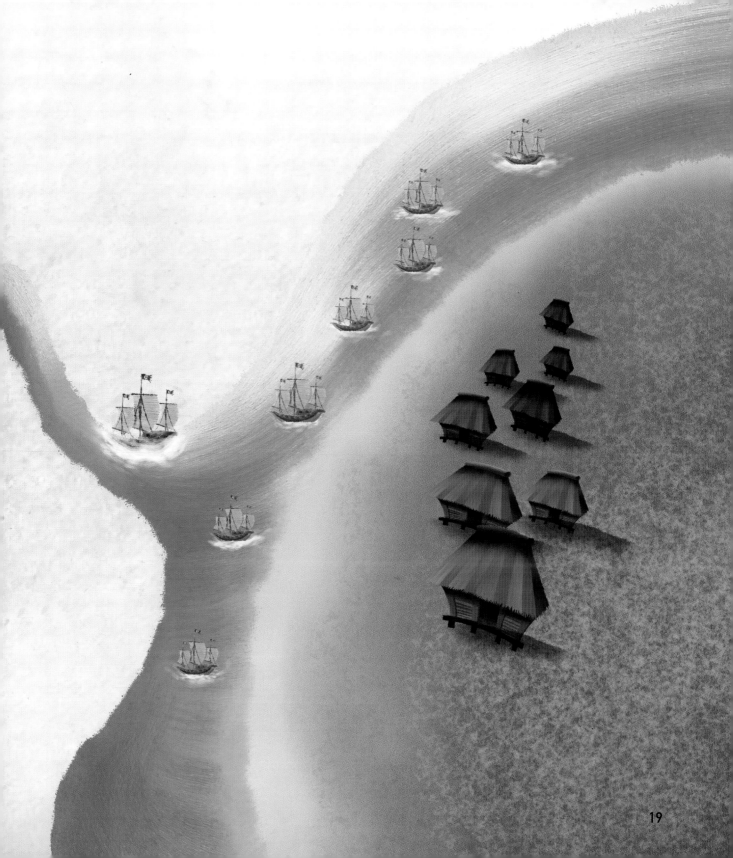

清晨霧氣散開後，
荷蘭人看見幾百艘大船，
全都嚇傻了，
想不透這些船隻從哪裡來，
還以為是從天上降下來！
慌慌張張準備作戰，
最後，打不過龐大的軍隊，
普羅民遮城裡的荷蘭人舉著白旗投降了。

攻下了一個城，還有另外一個城，
熱蘭遮城裡的荷蘭人仍然不肯屈服。
鄭成功派人傳達：
「你們區區幾百個人，絕對打不贏的，
現在投降，我會把你們當成朋友。
臺灣本來就不是你們的土地，請離開吧！」

臺灣島是屬於荷蘭的
我們願意支付一筆金錢
請國姓爺放棄福爾摩沙
不要再進攻

否則 我們會抵抗到底

荷蘭人不願意講和，
反而舉起紅旗來宣戰，
他們派人毀掉街道，燒掉儲存的糧食。
留在熱蘭遮城很安全，
那裡視野很好，不管從哪個方向來，
都能看得一清二楚，
鄭軍幾次進攻都失敗慘重，
兵力損傷很多。

24

「將軍！再作戰下去，士兵都要餓壞了！」
「這樣防守也不是辦法，
官員和將領們帶著士兵去開墾臺灣吧！
每一塊土地都要盡力耕耘，
士兵沒有耕作的時候，
也要練習軍隊的紀律。」
鄭成功威武的宣布。
將領們各自帶著士兵離開了。

27

冬天過去，春天又來了，
熱蘭遮城四周一片寧靜，好像天下太平。
此時卻傳來不幸的消息，鄭芝龍被殺，
隆武帝也下落不明，有人說他遇害了，
也有人說他被關起來，
一字一句都像針一樣，
刺在鄭成功的心口上。

雖然隆武帝凶多吉少，

但是鄭成功對抗荷蘭人的決心

卻沒有絲毫減少。

他一邊計畫戰略，

一邊努力建設臺灣。

為了得到當地人的信任，

他帶著許多禮物去拜訪原住民，

表現出十足的誠意。

「將軍！荷蘭的支援船艦出現啦！」
士兵慌張的跑了進來。
「怎麼可能？」
鄭成功憂心的望向遠方的船影，
才想著下一步該怎麼辦，
海上忽然狂風大作，
荷蘭船艦隨著海浪左搖右擺的，
離臺灣越來越遠。

「我早說過荷蘭人的城堡太堅固，
過了這麼久，還是攻不下來！」
「他們強大的軍隊快來支援了，
我們怎麼辦？唉！」
將領們抱怨，鄭成功也喪失了信心。
「報告將軍，有人來投降了。」
投降者帶來新的情報。

「熱蘭遮城裡的食物已經不夠，
喝的水也不乾淨，許多人都生病了。」
投降者接著說：

「從南方攻擊碉堡，一定可以打贏！」
鄭成功聽了這些話，又重新燃起鬥志。
萬全準備之後，軍隊發動全面的攻擊。

猛烈的砲聲隆隆作響，
士兵們從殘破的城牆爬進去，
荷蘭人已經喪失防守的能力，
鄭成功卻下令停火， 等待對方投降。
幾次信件往來後， 雙方訂出條約的內容，
只要獻出熱蘭遮城，
就讓他們安全離開。

荷蘭人離開不久，
鄭成功的生命也結束了。
國姓爺建立的制度已經扎根，
開墾的荒地也結出飽滿的果實，
鄭經從廈門趕來，繼續建設臺灣。
還有更多的故事，
一字一句詳細的記錄在《臺灣通史》裡。

41

臺灣通史
開闢臺灣的先民足跡

讀本

原典解説◎趙予彤

《臺灣通史》的作者連橫，與洪月樵、胡殿鵬同為臺灣著名的詩人，也與蔣渭水、林獻堂同為著名的抗日知識分子。

TOP PHOTO

連橫（1878～1936年），號雅堂，臺灣臺南人。著名的臺灣歷史學家、詩人。由於喜好吟詩，曾創辦過南社，同時也是櫟社的重要成員。著有《臺灣通史》、《臺灣語典》、《臺灣詩乘》。上圖為《臺灣通史》以連橫肖像畫製作的祝福紀念郵票。

連橫

相關的人物

洪月樵

胡殿鵬

洪月樵，名一枝，月樵是他的字。彰化鹿港人，與連橫、胡殿鵬都是當時臺灣著名的詩人。詩中往往流露對腐敗滿清的抨擊，以及抗日的精神，代表作品有《寄鶴齋詩集》、《寄鶴齋詩話》等。

胡殿鵬，號南溟，臺南安平人。曾與許南英、蔡國琳等創辦詩社「浪吟社」，並曾擔任《臺澎日報》記者，著有《南溟詩草》、《大冶一爐詩話》。

蔣渭水（右圖），臺灣宜蘭人。日本殖民時期曾創辦過「臺灣文化協會」、《臺灣民報》、「臺灣民眾黨」、「臺灣工友總聯盟」，以文化運動、社會運動的方式，反抗日本對臺灣的殖民。連橫與蔣渭水、林獻堂同為著名的抗日知識分子。蔣渭水過世時，連橫曾寫詩悼念。

蔣渭水

TOP PHOTO

林獻堂，臺中霧峰人。在新民會、臺灣文化協會、臺灣民眾黨、臺灣地方自治聯盟等組織中，皆扮演重要角色。與蔣渭水在日本殖民時期，同樣以非暴力的方式反抗日本政府。

林獻堂

余文儀

余文儀，清乾隆年間人。連橫年幼時，父親連永昌曾購買余文儀編修的《重修臺灣府志》給他閱讀，再加上臺灣為日本所占領，於是連橫遂決心編纂《臺灣通史》。

連震東

連震東是連橫的兒子，同時也是臺灣日本殖民時期至光復早期的重要政治人物。連震東早期留學日本，畢業後即回到臺灣的報社工作，沒多久便前往大陸並加入國民黨。並歷任過不少重要的官職。

清廷在與日本簽訂馬關條約後，將臺灣、澎湖割讓給日本。
出生於這段期間的連橫，經歷了什麼樣的遭遇？

1878 年

連橫出生於清朝光緒帝統治時期的臺灣臺南。光緒是清德宗的年號，清朝在德宗時，正是內憂外患趨於激烈的階段，例如回亂、中法戰爭、甲午戰爭、八國聯軍、戊戌政變等事情。這些歷史大事，都是與連橫有關的重要時代背景。

出生

相關的時間

TOP PHOTO

甲午戰爭

1894 年

日本侵略朝鮮後引發中日戰爭，史稱「中日甲午戰爭」。此次戰役清廷戰敗，象徵自強運動也以失敗結束。雙方停戰後，隔年便簽訂了馬關條約，清朝同意割讓臺灣、澎湖，並支付鉅額賠款給日本，也加深了日本對中國的侵略。上圖為《馬關條約》，北京中國人民革命軍事博物館藏。

1899 年

連橫目睹甲午戰爭失敗，中日雙方簽訂不平等條約，以及臺日乙未戰爭，遂於這一年立志編纂《臺灣通史》。到 1908 年，連橫舉家遷移臺中後，便正式開始編纂《臺灣通史》的工作。

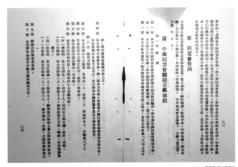

立志編史

辦報社

1905 年

連橫移居廈門並開辦了《福建日日新聞》。報紙中以激烈的言論宣傳革命思想，受到清朝政府與同盟會人士的關注。清朝政府欲逮捕連橫治罪而未果，遂將報社強行關閉，而連橫也因避難回到了臺灣。上圖為《中國同盟會福建支部章程》，福建省博物院「影像辛亥 —— 紀念辛亥革命一百週年圖片展」。

競選議員

1913 年

辛亥革命成功後，連橫於 1913 年前往北京參加華僑選舉國會議員。選舉制度在清朝以前是沒有的，讀書人必須藉由科舉考試才能擔任官職。直到孫中山推翻清朝後，才改由投票的方式選出國家重要的官員。

病逝

完成通史

1918 年

這一年，連橫終於完成了歷史巨著《臺灣通史》。1920 年，《臺灣通史》上冊、中冊在臺北相繼出版。次年，下冊也隨之發行。連橫在編纂《臺灣通史》的過程中，將他抗日的民族精神，寄託在此書當中，同時也因此書聞名當世。

1936 年

連橫病逝於上海，當時臺灣仍在日本的殖民之下。連橫晚年來到了上海，但由於生病不治而逝世。同年，日本侵略中國的意圖越來越明顯，不久之後中日戰爭便全面爆發了。

連橫青年時，正逢馬關條約簽訂，臺灣割讓給日本，以及臺日乙未戰爭。

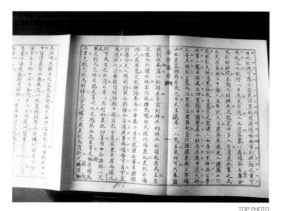

TOP PHOTO

連橫自 1899 年起，就立志撰述《臺灣通史》。《臺灣通史》體例模仿司馬遷的《史記》，內容起自隋朝，下至清朝割讓臺灣，總共一千多年，是研究臺灣歷史的重要文獻。左圖為《臺灣通史》原稿印刷版（連雅堂手稿真跡），浙江杭州連橫紀念館藏。

中日甲午戰爭結束後，清朝派命李鴻章與日本伊藤博文，簽訂馬關條約。條約中清朝割讓臺灣、澎湖給日本。當時十七歲的連橫，目睹割讓的過程，並已開始蒐集臺灣相關史料，為日後撰寫《臺灣通史》做準備。

相關的事物

臺灣通史

馬關條約

南社

櫟社

連橫曾與朋友組成浪吟詩社，但由於朋友多已逝世，因此又與其他朋友組成南社。南社是繼浪吟詩社之後，臺灣詩界中重要的一個詩社，對於臺灣詩歌的推動，具有很重要的影響。

連橫居住臺中時，曾加入臺中當地最大的詩社「櫟社」。「櫟社」中的成員，皆為臺灣中部著名的文人，其中不少的成員，後來成為臺灣民族運動的重要人物。

臺語考解

臺灣受日本殖民統治，禁止使用臺語。連橫為了盡到保存臺語的責任，於是決心對臺語進行整理，並於 1929 年開始編寫《臺語考解》，費時五年完成。

臺灣日日新報

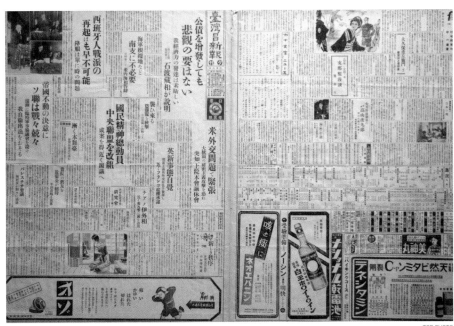

TOP PHOTO

1898 年發行的《臺灣日日新報》，是日本殖民時期臺灣發行量最大的報紙，直至 1944 年由總督府將《臺灣日日新報》在內的六家報紙合併為《臺灣新報》，才正式停刊，連橫也曾在此報刊中服務過。上圖為《臺灣日日新報》其中一版，福建泉州中國閩台緣博物館藏。

清史館

清朝被推翻後，連橫曾受趙爾巽之邀入清史館服務。中國古代新朝代在建立之後，會設立史館機構來替前朝編纂歷史，即史稱的「正史」。在清史館期間，連橫閱讀了有關臺灣的相關檔案，對於《臺灣通史》的編纂極有助益。

連橫的祖先後在漳州、臺灣定居，而連橫則是出生在臺灣的臺南。移居臺北之後，連橫寫成了《臺灣通史》。

連橫祖籍是湖北應山，即今日湖北的廣水市。清初時，祖先從湖北移居到福建漳州，後來又移居到臺灣臺南，連橫就是出生在臺南。出生在臺南的連橫，幼時就在家裡讀書識字。

漳州

連橫將臺灣自隋朝以來，至清朝光緒年間的歷史，逐一收集並寫成《臺灣通史》一書。臺灣是在中國大陸東南方的島嶼，中間相隔臺灣海峽。中日甲午戰爭失敗之後，清朝將臺灣割讓給日本。

臺灣

相關的地方

臺南

臺北

連橫出生在臺灣的臺南。臺南自十七世紀開始，就是臺灣重要的政治、經濟與文化重心。早期荷蘭東印度公司在臺灣設立據點時，就是以臺南赤崁作為國際貿易的據點。明朝鄭成功與清朝政府統治時，都是臺灣的首府。

辛亥革命之後，中華民國成立。正值壯年的連橫便前往大陸旅遊，增長見聞。在1914年之後，連橫結束旅遊回來臺灣，並舉家遷移到臺北。連橫就是利用在臺北定居的時間，寫成了《臺灣通史》。

連橫目睹清朝的腐敗，便決心支持孫中山的革命運動。連橫不久便舉家遷徙至廈門並發行報紙，以激烈言論支持革命運動。但由於清朝下令逮捕兼以岳父逝世，於是返臺移居臺中，此後便開始編纂《臺灣通史》。

臺中

上海

連橫於 1919 年後移居臺北，並於 1926 年間舉家移居杭州一年，直到 1927 年回到臺灣。由於連橫對於鴉片的看法與當時反日人士不同，遂至上海另求發展，最後因病逝世。後遷葬返臺，基園位於今日的新北市泰山區。

TOP PHOTO

連橫紀念館

連橫紀念館位於浙江省杭州市的瑪瑙寺。連橫曾於 1926 年間與妻子在此安家，研究整理一些文史資料。為紀念連橫，便於瑪瑙寺中建置連橫紀念館，展示有連橫與臺灣相關文物。上圖為瑪瑙寺。

鄭成功

鄭成功的父母在日本相遇、結婚，他的父親鄭芝龍從中國到遙遠的日本平戶做生意，遇見了溫柔典雅的日本女子平川氏。結婚後不久，鄭芝龍離開日本在海上四處奔波。鄭成功的童年沒有父愛，母親就是他的一切，直到七歲他才回到中國福建與父親團聚，正式接受中國的教育。他非常聰明，學習能力也很強，是一個人見人愛的孩子。

長大後，鄭芝龍帶他去晉見唐王隆武皇帝，皇帝看出這個年輕人氣質非凡，忍不住拍著他的背說：「好可惜啊！我如果有女兒，一定會把她嫁給你。我實在很欣賞你，不如，讓你管理皇帝身邊的禁軍吧！還有，我也把國姓『朱』賜給你，再幫你取一個新的名字叫『成功』。」從此，鄭成功的名號取代了鄭森，大多數的人尊稱他「國姓爺」。隆武皇帝真誠的對待，讓鄭成功心存感恩，他對皇帝忠心耿耿，對明朝也有份特殊的感情。

明末，貪官壓榨貧窮的老百姓，法律只

成功雖遇主列爵，實未嘗一日與兵權，意氣狀貌，猶
儒書也。既力諫不聽，又痛母死非命，悲歌慷慨，謀
起師。攜所著儒巾襴衫赴文廟焚之。—《臺灣通史·建國紀》

是裝飾品，沒有實質的作用。皇帝的力量非常薄弱，鄭芝龍打從心
底瞧不起，皇帝只是他手中的棋子。他看得很清楚，清朝的軍隊攻
下京城，一路往南方侵略，明朝只剩下一個空殼，早就失去國家的
尊嚴。滿清的軍隊來勢洶洶，鄭芝龍打定主意要投降，鄭成功卻堅
持對抗。他始終無法原諒父親，竟然拋下國家的仇恨，投靠外族，
他多麼希望父親可以跟他並肩作戰、勇敢抵抗！

　　父親背叛國家之後，母親也被害死，家園已經毀滅。沒有人可
以依靠的鄭成功來到孔子廟前，他大聲說出自己的決心，發誓要擊
敗入侵者，恢復明朝的統治。他以前總是穿著書生的衣裳，現在這
些衣服已經不再需要，他點燃一把熊熊火燄，全部燒掉，他要徹底
拋棄讀書人的身分。

　　身為大將軍，他必須穿著沉重的盔甲，率領數
萬軍隊，誓死對抗異族的統治。

夏五月初八日，成功病革，尚登臺望海。乃冠帶，請
太祖訓出，坐胡床，命左右進酒，折閱三帙，歎曰：
「吾有何面目見先帝於地下哉」！

——《臺灣通史・建國紀》

　　鄭成功來到臺灣只有短短的十四個月，卻留下了深刻的影響。
他當年率領三萬五千人，分別坐上四百多艘船，在鹿耳門登陸。當
時在臺灣的荷蘭人只有一千多人，雖然人很少，但是武器很厲害，
一旦打起來許多人會白白的犧牲，所以鄭成功寫了一封信，希望荷
蘭人投降。

　　荷蘭人不願意投降，鄭成功也不進攻，就這樣彼此對立。軍隊
住在臺灣，最需要解決的就是糧食問題。他將土地公平的劃分，讓
將領帶著士兵去耕種。軍隊跋山涉水到荒涼的地方，蓋起簡陋的屋
舍住了下來，經過幾個月的開墾，荒地慢慢的變成黃澄澄的稻田。

　　鄭成功的軍隊開墾了臺灣，也帶來法治的觀念。管理龐大的軍
隊，最重要的是紀律，他認為人類與生俱來的壞習慣，只有嚴格的

規定才可以消除。他是一個說到做到的將軍，士兵們對他又愛又敬。雖然他對部下很嚴厲，可是對當地居民卻相當尊重。他曾下令，開墾的時候不可以侵犯到當地居民的土地，如果有人違背命令，就會受到嚴厲的懲罰。他也曾經親自率領眾將領，帶著禮物去拜訪原住民的頭目，表示友好。

1662 年的夏天，荷蘭人離開臺灣不久，鄭成功病倒了。他回想起生命中的種種打擊，病情更加嚴重。投降的父親和留在家鄉的家人全部被殺，連親人的墳墓也被挖出來，心更是一陣陣抽痛。他總是站在高處，望向海洋的另一端，懷念著國土。

他知道自己不久於人世，很快的就能在另一個世界見到皇帝。這一天，他穿上官服，端正的坐在椅子上，雙手捧著明太祖的祖訓。才翻閱了幾頁，忽然嘆一口氣說：「長年的征戰，卻一事無成，我沒有實現自己的誓言，怎麼去見死去的皇帝？」話一說完，就閉上雙眼，永遠的離開了。

鄭成功三十九歲的生命消逝了，世人對他的懷念卻是永恆的。

鄭芝龍

　　鄭芝龍資質聰穎卻不喜歡讀書，小時候很調皮，也多才多藝，不僅擅長樂器的演奏，唱歌、跳舞也很拿手。學習語言很有天分，日文、葡萄牙文、西班牙文都難不倒他，年紀輕輕便學會了做生意的本事，到世界各地去闖蕩。

　　在日本，他認識了顏思齊，兩人變成很好的朋友。後來顏思齊在日本犯了罪，被通緝追捕，不得不離開日本，鄭芝龍也跟著他逃亡到海外，他們來到臺灣，開始了新生活。此時的鄭芝龍不再安分守己做生意，而是在海上到處打劫商船，滿載著貨品的船隻，成為他下手的目標，搶來的財富不斷累積，他也成了這群海盜的首領。

　　明朝末年，旱災和蝗蟲的災害接連不斷，農作物無法生長，人民餓得只能啃樹皮。這些窮苦的人為了生存，只好到臺灣來投靠鄭芝龍，人數多達三千人。陣容跟軍隊一樣龐大，他們在沿海稱霸，搜刮別人的錢財，明朝政府沒有能力打壓，只能任由他們為非作歹。

芝龍與顏思齊黨中為盜，居臺灣，往來閩、粵之間。朝議招撫，未久而去。崇禎元年，乃率所部降於督師熊文燦。——《臺灣通史·建國紀》

　　他們在海上來去自如，朝廷一點辦法也沒有。不過，鄭芝龍並不喜歡海盜的身分。當朝廷願意給他官位，他立刻答應，但他只帶了八百個人和十二艘船投降明朝，把真正的實力留在臺灣。他志得意滿的穿起明朝的官服，開始打擊其他的小海盜。短短七年，就把海盜全部消滅。他光明正大向來往的船隻收取保護費，每年每艘船要繳納三千兩銀子。千百艘的商船在沿海航行，讓他一年獲得大把銀子，做生意賺來的錢更不知道有多少，從此他的勢力如日中天，財富達到了顛峰。

　　鄭芝龍或許自私自利，凡事只為自己著想，但他在旱災連年的困難時刻，將數萬個饑餓的災民送到臺灣，分配耕種的用具，讓他們開墾荒地，也算是做了一件善事。

芝龍退保安平，軍容甚盛，猶預未敢迎師。
清貝勒博洛遣人招之，大喜，召成功計事。
成功泣諫，不從。遂進降表。

——《臺灣通史·建國紀》

　　鄭芝龍的財富已經無法計算，他在福建蓋了豪宅，生活十分奢侈，衣著也非常華麗。他嫌自己官位小，還用錢賄賂換來更大的官職。掌握了大權之後，他轉身欺負官職比他小的人，要求他們捐錢給軍隊，理由是要加強軍備保衛國家。更過分的是，他把官位當成商品，只要有人肯出錢，就能做官。聚集來的錢財，讓軍隊的實力更堅強，可是他的目的不是為了國家，而是為了自己。

　　清兵突破山海關，大軍攻入京城，明朝崇禎皇帝在煤山自盡。逃到江南的大臣，擁立福王在南京即位，鄭芝龍立刻向新皇帝福王表示願意效忠，獲得「南安伯」的封號。第二年，清軍攻下南京，鄭芝龍沒有抵抗，反而退到更南方的城市，支持唐王當皇帝。唐王隆武皇帝當然明白鄭芝龍的野心，對他驕傲無禮的態度也很無奈，唐王唯一能做的就是拉攏鄭成功，讓這個年輕的學生掌管皇帝身邊的禁

軍。可惜，這個時候的鄭成功還沒有帶兵的經驗，手上也沒有實際的軍權。

清朝的軍隊一步步逼近，鄭芝龍只是觀望，對於皇帝的安危絲毫不在乎。他不願意讓自己的利益受損，如果投降可以得到更大的好處，那麼，為什麼要抗爭呢？ 他的軍隊聲勢壯大，只要願意抵抗，明朝就有一線希望。鄭成功三番兩次的懇求，他還是不願出兵。終於，清朝大將軍送來一封信，用利益誘惑他投降。

鄭芝龍歡天喜地的找來鄭成功，他希望父子倆一起投降，共享富貴榮華。鄭成功哭著求父親不要投降，他說：「老虎不能離開山林，魚不能離開水；離開山林的老虎沒有威信，離開水的魚，只有死路一條。」鄭芝龍哪裡聽得進去，他堅持向勝利者投降，兩人從此決裂。

「見風轉舵」一直是鄭芝龍生存的方式，但這次的決定並沒有為鄭芝龍帶來輝煌的成就，最後他被抓進監牢，失去所有的財產。

59

鄭經

　　鄭經是鄭成功的兒子，他並沒有追隨父親到臺灣來與荷蘭人作戰，他帶領部隊留守在廈門。鄭成功逝世之後，他來到臺灣，繼續經營這片新天地。他和父親不一樣，鄭成功一心一意要反清復明，但是他並沒有這樣的想法。他無心與清朝對抗，但他也不願投降，他將心力放在這個小王國，還自稱是「東寧國主」。

　　鄭經是一國之主，但真正做事的人是陳永華。鄭成功很欣賞陳永華，軍中的許多大事都會找他商量，鄭經來到臺灣，立即將重責大任交給他，由他來規劃臺灣的制度。當年鄭成功來到臺灣，最重視土地的開墾，陳永華繼續將拓荒的土地擴大，範圍包括南部、北部和西部各地。糧食生產足夠了，人民就能吃飽。每當重要的節日到來，他也會將美酒送給這些辛勤耕種的士兵，跟他們一起慶祝。

　　陳永華參考明朝的制度，先築起柵欄蓋官府，管理民眾的大小事，搬家、結婚、生小孩都要登記。從紛亂到秩序井然，人民得到

錫屯田之兵酒，臺人大說，道不拾遺，市物者不飾價。
五月，河南人孔元章來議撫，禮之，議照朝鮮事例。

—《臺灣通史·建國紀》

保護，壞人也不敢胡作非為，他禁止民眾賭博，許多因賭博引起的
糾紛也不再出現。

　　除了法令，更最重要的是教育，教導人民對和錯，才可以讓社
會更祥和。他在臺南蓋了臺灣第一座孔廟，表示對至聖先師的尊敬。
接著在各地蓋學堂，規定每個孩子八歲的時候就要進入學堂，學習
儒家的思想。在他的督導之下，臺灣的人民變得彬彬有禮，即使看
到路上有別人遺失的物品，也不會偷偷藏起來，霸占它。在市場上
做生意的人，憑著良心做事，不會故意抬高價錢，欺騙別人。臺灣
在這樣的經營下，成了安居樂業的天堂。

　　滿清政府偶爾還是會派人來勸說，希望鄭經可以投降。鄭經當
然不願意接受異族的統治，一想到要將頭髮剃掉、紮起辮子，他就
不能忍受。他禮貌而堅定的拒絕了對方的要求，他喜歡
現在的生活方式，不想改變。

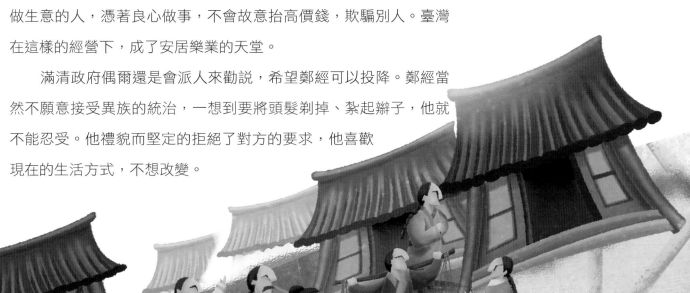

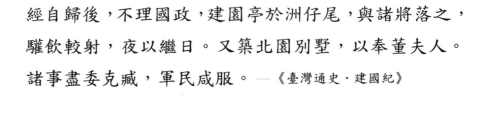

經自歸後，不理國政，建園亭於洲仔尾，與諸將落之，驪飲較射，夜以繼日。又築北園別墅，以奉董夫人。諸事盡委克臧，軍民咸服。 ──《臺灣通史·建國紀》

　　安逸的日子過久了，鄭經有了更大的野心。1674 年他率領部隊跨越臺灣海峽，向滿清發動攻擊，他想要更多的土地和更多的利益。清軍調來大批的支援猛力反擊，兩軍僵持好長一段時間。清朝政府再度派人來談和，信裡承諾鄭經可以不必剃頭髮、綁辮子，甚至不必穿著清朝的服裝。只要回到臺灣發展，不要再出兵跟清廷作對，兩方可以維持和平相處。可是，鄭經被貪念沖昏了頭，堅持不投降。

　　清軍發動強大的攻勢，幾回大戰之後，鄭軍已經招架不住，為了保全性命許多官兵紛紛投降，人數多達十萬人。鄭經反攻失敗了，他狼狽的逃回臺灣，這場戰爭消耗掉無數的財力、物力，軍隊的士氣也瓦解了。回到臺灣後，他意志消沉，每天用酒精麻醉自己，只知道瘋狂的玩樂，不再關心國家大事，他把所有的事情都交給兒子鄭克臧。就在戰敗後短短一年裡，陳永華去世，鄭經也因為生病，

醫治無效而死，國家再度陷入危機之中。

　　鄭克塽是個有才能的人，個性勇敢果決，不怕惡勢力。他在執行法律的時候，非常嚴格，就算是親戚犯法，他也不會原諒。他的作風和鄭成功很像，軍民對他的領導都心服口服，可是叔叔們卻很討厭他，覺得他不通人情。叔叔們不願意服從鄭克塽，想盡方法要拉他下臺，鄭克塽在這場權力的爭奪戰中失去了生命。

　　繼承王位的是鄭克塽，他只是一個十二歲的孩子，根本沒有能力處理國事，幾個壞心眼的大臣掌權，眼中沒有王法，東寧王國的朝政紛紛亂亂。加上天災不斷，穀物的收成很不好，稻米的價格飆漲，窮人家買不起，許多人因此饑餓而死，國家漸漸走向衰敗。

　　鄭經的東寧王國經過十年的建設，逐漸變成有一個有規模的國家，可是，一場歷時六年的戰爭，讓所有的努力化為烏有，給了清朝一個進攻的好機會。

施琅

施琅從小性格暴躁，樣貌剛強魁梧，有些事情看不順眼，就會大發脾氣。明朝末年的時候，山賊到處搶劫，善良百姓苦不堪言。年輕的他加入軍隊，有次運用戰略把這些山賊一網打盡，從此得到朝廷的重用。他衝鋒陷陣毫不畏懼，後來陸續建立了許多功績，官階也越來越高。

有一段時間他成為鄭芝龍的部下，後來，鄭芝龍投降清朝，他不願意追隨，就投奔到鄭成功的軍營，共同反抗清朝。他的任務是守住金門和廈門，軍隊在他的領導下，很少打敗仗。鄭成功和施琅這兩個人本來是最佳拍檔。可是，性格上的相似，讓他們爆發極大的衝突，施琅一氣之下，向清朝投降。

滿清的軍隊擅長陸地上的戰爭，對於在海上打仗沒有經驗。於是，攻打鄭軍的任務就交給投降的明朝將領。這些將領中最適

全斌以艨艟二十艘，往來奮擊，剽疾如馬；荷人發石
礮無一中者。清軍見之，睊睊相視，雲翔而不敢下。

—《臺灣通史·建國紀》

合領軍的就是施琅，他很熟悉鄭軍的作戰方式。施琅奉命與荷蘭人
聯手，攻下鄭軍所占領的小島。荷蘭人被鄭成功趕出臺灣一年多，
他們對臺灣還是念念不忘，希望能和清廷合作，再度奪回這個寶島。
荷蘭人派出十餘艘巨大的戰船，再加上清軍三百多艘旗幟飄揚的船
艦，聲勢浩大迎面而來。

　　在臺灣的鄭經，緊急調來分散各地耕種的士兵，登上戰船出海
與金門、廈門的部隊一同阻止敵人的進攻。鄭軍一開始士氣高昂，
雖然只有二十艘的戰船，可是勇猛得好像一匹匹奔馳的快馬，左閃
右躲，荷蘭人的砲彈怎麼也不能瞄準。砲彈一發發打在海上，掀起
巨大的浪花，清軍看到他們拚命的模樣，只能乾瞪眼。可是，鄭軍
抵得住前方的戰船，卻敵不了後面蜂擁而來的艦隊，他們只好
快速逃到安全的地方，放棄據守的島嶼，金門和廈門就這樣落
入了清廷的手中。

琅於賜姓，剪為讎敵，情猶臣主。蘆中窮士，義所不為。 ——《臺灣通史·建國紀》

施琅一而再，再而三爭取攻打臺灣的機會，究竟是為了什麼？是為了效忠清朝的皇帝，還是為了私人的報仇？他和鄭成功之間的恩怨，從一件小事開始，像雪球一樣越滾越大。

施琅領導軍隊很有一套，對於將軍的命令不見得服從。有一次，他的部下犯法，他決定處斬，鄭成功卻下令不能殺。施琅把將軍的命令當成耳邊風，照樣執行，這下可惹火了鄭成功。將軍二話不說即刻將施琅和他的父親、弟弟三個人抓起來，準備處死，施琅想了方法逃出來，最後逃向清朝的陣營。鄭成功得到消息，憤怒得無法控制，父親和弟弟的命當然保不住了，後續還牽連許多無辜的人，施琅家族在臺灣的七十幾個親人，也在鄭經的主導下犧牲了。

施琅等待了二十幾年，從來沒有放棄攻臺的念頭，內心的仇恨像火焰一般燃燒。他不斷的建議清朝皇帝，期望能將臺灣納入清朝的國土。康熙皇帝認為臺灣就算不投降也不會有威脅，根本沒有必要浪費心力。施琅不厭其煩的勸說：「臺灣雖然只是一個島，可是位置很重要。萬一哪天又落入荷蘭人的手中，他們的武器和戰船威猛無比，放棄臺灣必定會釀成大禍。」

　　最後，他終於等到皇帝點頭。1683 年，施琅率領官兵兩萬多人，先攻下澎湖，再攻下臺灣。當時的臺灣就像一盤散沙，大臣們忙著鬥爭。見施琅大軍一到，毫無招架的能力，立刻投降了。

　　施琅準備了祭品，來到延平郡王廟祭拜鄭成功。高聲朗讀：「這些年我們像仇敵一樣的對待，可是我也沒有忘記我們之間深厚的情感，如今我收服了你努力經營的臺灣，是為了效忠朝廷，也是替父親和弟弟報仇。失去親人的痛苦折磨著我，你能明白嗎？但我不會為了發洩而傷害無辜，我保證鄭氏家族的安全。」祭文念完，施琅滿臉淚痕，六十二歲的他歷盡滄桑，選擇讓恩怨一筆勾銷。

當臺灣通史的朋友

《臺灣通史》記錄了從公元七世紀到十九世紀之間，在臺灣所發生的故事。其中，有長居山野的原住民，有渡海開墾的拓荒者，還有進行傳教與貿易的荷蘭人、西班牙人等等。他們在這塊土地上的故事，交織成一段充滿汗水與淚水的歷史。

像是鄭成功堅決不向滿清投降，甚至不惜與父親鄭芝龍決裂，還焚燒自己的儒服表示復明的決心，所以才以臺灣為根據地積極建設，擊退荷蘭人，期待「反清復明」的一日能出現。他的兒子鄭經接續著父親的努力，繼續開墾臺灣。

可惜的是，鄭成功的子孫未能守住他披荊斬棘所建立的功業，開始產生動亂與衰敗，最後還是被滿清攻破。而率領清軍進入臺灣的將領，就是曾經跟隨鄭成功、最後卻分道揚鑣的施琅。

當《臺灣通史》的朋友，你可以看到這個美麗島嶼上的森林、溪流，與田野，看到原住民、荷蘭人、西班牙人、漢人，在這裡生活的痕跡，還有每一個先民在這片土地上的篳路藍縷，創造自己的家，並且讓子子孫孫、世世代代都延續下去，創造自己的故事。

當《臺灣通史》的朋友，你可以看到鄭成功的忠誠與決心，英勇與毅力；也可以看到鄭芝龍不顧明朝王國、只堅持自己私利的落魄下場；當然也有曾是鄭成功最佳拍檔的施琅，卻因為與鄭成功反目成仇，從夥伴成為敵人的無奈。

然後，你會發現，歷史說的不僅是朝代或國家的興起與滅亡，而是在時間的流轉中，留下了先人奮力生活、開墾的痕跡。讓後來的我們知道，這一片土地上，蘊藏了如此豐富而動人的故事。

我是大導演

看完了臺灣通史的故事之後，
現在換你當導演。
請利用紅圈裡面的主題（美麗島），
參考白圈裡的例子（例如：海洋），
發揮你的聯想力，
在剩下的三個白圈中填入相關的詞語，
並利用這些詞語畫出一幅圖。

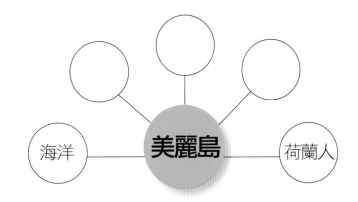

海洋　　美麗島　　荷蘭人

◎ 少年是人生開始的階段。因此，少年也是人生最適合閱讀經典的時候。

因為，這個時候讀經典，可以為將來的人生旅程準備豐厚的資糧。

因為，這個時候讀經典，可以用輕鬆的心情探索其中壯麗的天地。

◎ 【經典少年遊】，每一種書，都包括兩個部分：「繪本」和「讀本」。

繪本在前，是感性的、圖像的，透過動人的故事，來描述這本經典最核心的精神。

小學低年級的孩子，自己就可以閱讀。

讀本在後，是理性的、文字的，透過對原典的分析與說明，讓讀者掌握這本經典最珍貴的知識。

小學生可以自己閱讀，或者，也適合由家長陪讀，提供輔助說明。

001 左傳　春秋時代的歷史
The Chronicle of Tso: The History of the Spring and Autumn Period

故事／林安德　原典解說／林安德　繪圖／柳俏

三公交會，引發了什麼樣的政治危機？兩個謀士互相鬥智，又造就了一段什麼樣的歷史故事？那是一個相互兼併與征伐的時代，同時也是個能言謀士輩出的時代。那些鬥爭與辯論，全都刻畫在《左傳》中。

002 史記　史家的絕唱
Records of the Grand Historian: The Pinnacle of Chinese Historiography

故事／林怡君　原典解說／林怡君　繪圖／袁靜

李廣「飛將軍」面對匈奴大軍毫無懼色，為漢朝立下許多戰功，卻未能獲得相稱的爵位，最後抱憾而終。從黃帝到漢武帝，不論是帝王將相、商賈名流，貫穿三千多年的歷史，《史記》成為千古傳頌的史家絕唱。

003 漢書　中原與四方的交流
Book of Han: Han Dynasty and its Neighbors

故事／王宇清　原典解說／王宇清　繪圖／李遠聰

張騫出使西域，不僅為漢朝捎來了塞外的消息，也傳遞了彼此的物產與文化，開拓一條史無前例的通道，成就一趟偉大的冒險。他的西域見聞，都記錄在《漢書》中，讓大家看見了草原與大漠，竟然是如此豐富美麗！

004 列女傳　儒家女性的代表
Kao-tsu of Han: The First Peasant Emperor

故事／林怡君　故事／林怡君　繪圖／楊小婷

她以身作則教孩子懂得禮法，這位偉大的母親就是魯季敬姜。不僅連孔子都多次讚譽她的美德，《列女傳》更記錄下她美好的德行，供後世永流傳。《列女傳》收集了中國歷史名女人的故事，呈現不同的女性風範。

005 後漢書　由盛轉衰的東漢
Book of Later Han: The Rise and Fall of Eastern Han

故事／王蕙瑄　原典解說／王蕙瑄　繪圖／李莎莎

《後漢書》記錄了東漢衰敗的過程：年幼的皇帝即位，而外戚掌握實權。等到皇帝長大了，便聯合身邊最信任的宦官，奪回權力。漢桓帝不相信身邊的大臣，卻事事聽從甜言蜜語的宦官，造成了嚴重的「黨錮之禍」。

006 三國志　三分天下始末
Record of the Three Kingdoms: The Beginning of the Three Kingdoms Period

故事／子魚　原典解說／子魚　繪圖／Summer

曹操崛起，一統天下的野心，卻在赤壁遭受挫折，僅能雄霸北方，留下三國鼎立的遺憾。江山流轉，近百年的分裂也終將結束，西晉一統三國，三國的分合，盡在《三國志》。

007 新五代史　享樂亂政的五代
New History of the Five Dynasties: The Age of Chaos and Extravagance

故事／呂淑敏　原典解說／呂淑敏　繪圖／王韶薇

李存勗驍勇善戰，建立後唐，史稱後唐莊宗。只是他上任後就完全懈怠，和伶官一起唱戲作曲，過著逍遙生活。看歐陽修在《新五代史》中，如何重現後唐莊宗從勤奮到荒唐的過程。

008 資治通鑑　帝王的教科書
Comprehensive Mirror for Aid in Government: The Guidance for Emperors

故事／子魚　原典解說／子魚　繪圖／傅馨逸

唐太宗開啟了唐朝的黃金時期。從玄武門之變到貞觀之治，這條君王之路，悉數收錄在《資治通鑑》中。翻開《資治通鑑》，各朝各代的明君賢臣、良政苛政，皆蒐羅其中，成為帝王治世不可不讀的教科書。

◎ 【經典少年遊】，我們先出版一百種中國經典，共分八個主題系列：

　詩詞曲、思想與哲學、小説與故事、人物傳記、歷史、探險與地理、生活與素養、科技。

　每一個主題系列，都按時間順序來選擇代表性的經典書種。

◎ 每一個主題系列，我們都邀請相關的專家學者擔任編輯顧問，提供從選題到內容的建議與指導。

　我們希望：孩子讀完一個系列，可以掌握這個主題的完整體系。讀完八個不同主題的系列，

　可以不但對中國文化有多面向的認識，更可以體會跨界閱讀的樂趣，享受知識跨界激盪的樂趣。

◎ 如果説，歷史累積下來的經典形成了壯麗的山河，那麼【經典少年遊】就是希望我們每個人

　都趁著年少，探索四面八方，拓展眼界，體會山河之美，建構自己的知識體系。

　少年需要遊經典。

　經典需要少年遊。

009 蒙古秘史　統一蒙古的成吉思汗
The Secret History of the Mongols: The Emergence of Genghis Khan
故事／姜子安　原典解説／姜子安　繪圖／李菁菁

北方的草原，一望無際，游牧民族在這裡停留又離去。成吉思汗在這裡
出生成長，統一各部族，開創蒙古帝國。《蒙古秘史》説出了成吉思汗
的一生，也讓我們看到了這片草原上的故事。

010 臺灣通史　開闢臺灣的先民足跡
A General History of Taiwan: Footprints of the First Pioneers
故事／趙予彤　原典解説／趙予彤　繪圖／周庭萱

《臺灣通史》，記錄了原住民狩獵山林，還有荷蘭人傳教通商，當然還
有漢人開荒闢地的故事。鄭成功在臺灣建立堡壘，作為根據地。雖然他
反清復明的心願無法實現，卻讓許多人在這裡創造屬於自己的家園。

經典
少年遊

youth.classicsnow.net

010
臺灣通史　開闢臺灣的先民足跡
A General History of Taiwan
Footprints of the First Pioneers

編輯顧問（姓名筆劃序）
王安憶　王汎森　江曉原　李歐梵　郝譽翔　陳平原
張隆溪　張臨生　葉嘉瑩　葛兆光　葛劍雄　鄭培凱

故事：趙予彤
原典解說：趙予彤
繪圖：周庭萱
人時事地：林保全

編輯：張瑜珊 張瓊文 鄧芳喬
美術設計：張士勇
美術編輯：顏一立
校對：陳佩伶

企畫：網路與書股份有限公司
出版者：大塊文化出版股份有限公司
台北市10550南京東路四段25號11樓
www.locuspublishing.com
讀者服務專線：0800-006689
TEL：+886-2-87123898
FAX：+886-2-87123897
郵撥帳號：18955675
戶名：大塊文化出版股份有限公司
法律顧問：全理法律事務所董安丹律師

總經銷：大和書報圖書股份有限公司
地址：新北市新莊區五工五路2號
TEL：+886-2-8990-2588
FAX：+886-2-2290-1658
製版：沈氏藝術印刷股份有限公司

初版一刷：2013年5月
定價：新台幣299元